Julia Peirano

Sieben Tage Sofort-Hilfe bei Liebeskummer

JULIA PEIRANO

Sieben Tage Sofort-Hilfe bei Liebeskummer

Das kreative Mitmach-Heft

KREUZ

www.kreuz-verlag.de

Umschlagmotiv: © Max Krasnov/Fotolia
Umschlaggestaltung: agentur IDee

Innengestaltung und Satz: agentur IDee · www.agenturidee.de
Herstellung: Graspo, Zlín

Printed in the Czech Republic

ISBN 978-3-451-61364-7

Inhaltsverzeichnis

Vorwort

Wenn Sie seit Kurzem von Ihrem Partner getrennt sind – seien es ein paar Tage oder auch wenige Wochen –, dann erleben Sie, wie sehr das die Grundfeste des eigenen Lebens erschüttern kann. In den schlimmsten Momenten sehen Sie sich vermutlich kaum dazu in der Lage, einen Fuß vor den anderen zu setzen. Ihr Kopf ist blockiert und Sie können keinen klaren Gedanken fassen, weil das Trommelfeuer der eigenen starken Gefühle Sie überwältigt: Angst, herzzerreißende Sehnsucht, Wut auf sich selbst oder den Partner, Eifersucht, Einsamkeit, Trauer und Verzweiflung. Da bleibt wenig oder keine Kraft, um sich mit praktischen oder alltäglichen Folgen einer Trennung herumzuschlagen.

Jede Trennung hat einen anderen Verlauf und zudem geht jeder Mensch anders mit einer Trennung um. Jedoch: Ganz einfache Dinge helfen auch jedem. Mit diesem Buch erhalten Sie konkrete Maßnahmen, mit denen Sie die emotionalen und körperlichen Folgen von Liebeskummer in dieser Akutphase lindern können – es verschafft Ihnen die Möglichkeit einer Erstversorgung Ihrer Wunden, auf dass sie besser heilen können. Denn sie werden heilen – auch wenn Sie es sich im Augenblick nicht vorstellen können. Bei den allermeisten Menschen geht der Liebeskummer vorüber.

„Nicht die Dinge selbst beunruhigen den Menschen, sondern die Vorstellung von den Dingen."

Epiktet

Jetzt, nach der Trennung, ist Ihre gewohnte Lebensenergie verschwunden, und die Aufgaben und Probleme stehen vor Ihnen wie ein Berg: grau, riesig, steinhart und scheinbar unüberwindbar. Resigniert fragen Sie sich wahrscheinlich wieder und wieder: „Wie soll ich das bloß alles schaffen?“

Nun, wie schaffen es Bergsteiger, auf einen Gipfel zu kommen, der in nahezu unerreichbarer Höhe über ihnen liegt? Die Antwort: ganz langsam und bedacht, mit gleichmäßigen Schritten.

Das Gleiche gilt für die Überwindung einer Trennung: Schritt für Schritt, von einem Tag zum nächsten. Nur so können Sie Ihre Kraft für den gesamten Weg bewahren und vermeiden, dass Sie stolpern und den Abhang hinunterstürzen. Und wenn Sie sich im Gelände nicht auskennen, ist ein Führer hilfreich, der Sie auf diesem schwierigen ersten Abschnitt Ihres Weges durch dunkle Schluchten und über gefährliche Abhänge begleitet. Und der Ihnen für Ihren weiteren Weg eine gute Richtung weist, sodass Sie künftig sicheren Trittes besser für sich selbst sorgen können. Denn gut für sich selbst zu sorgen ist elementar wichtig in der Akutphase Ihres Liebeskummers.

Diesen Führer halten Sie gerade in den Händen.

„Liebe ist ein Boogie-Woogie der Hormone.“

Henry Miller

Tag 1

Lassen Sie sich Zeit

An diesem ersten Tag Ihrer Sofort-Hilfe machen Sie sich in Ruhe Gedanken über Ihre Situation und bringen Klarheit in Ihr Denken. Denn im Augenblick geht es in Ihrem Kopf vermutlich drunter und drüber und Sie wissen weder aus noch ein. Ein nüchterner Blick auf die Umstände wird Sie das gefühlte Chaos besser überblicken und erkennen lassen, wie Sie wieder die Kontrolle übernehmen können.

Richten Sie es möglichst ein, dass Sie ein paar ruhige Stunden für sich haben. Zünden Sie eine Kerze an, kochen Sie sich einen Tee, sorgen Sie auch optisch für Ruhe. – Und machen Sie die folgende kleine Atemübung, die Sie auch innerlich zur Ruhe kommen lässt.

„Beim Einatmen schenke ich meinem Körper Ruhe.
Beim Ausatmen lächle ich.
Ich verweile im gegenwärtigen Moment und weiß,
es ist ein wunderbarer Moment."

Thich Nhat Hanh

Richtig atmen

Eine einfache Atemübung:

Setzen Sie sich entspannt, aber mit geradem Rücken auf einen Stuhl und schließen Sie die Augen, wenn Sie möchten. Atmen Sie langsam durch die Nase in den Bauch, und zählen Sie währenddessen innerlich bis drei. Atmen Sie durch den Mund wieder aus und zählen Sie wieder bis drei.

Wiederholen Sie die Übung ein paarmal und achten Sie dabei auf Ihren gleichmäßigen Atem. Die Konzentration auf die Atmung und das Zählen bewirkt, dass Sie kurzzeitig alle anderen Gedanken ausblenden. Greifen Sie auf diese einfache Übung zurück, wann immer Sie das Gefühl haben, dass alles über Ihnen zusammenbricht.

Hormonelle Aufruhr

Wir stehen unter enormem Stress, wenn eine wichtige Beziehung bedroht ist. In solchen Situationen wird das Stresshormon Adrenalin ausgeschüttet, der „Zaubertrank" des Körpers, der uns für eine kurze Zeit ungeheure Energie verleiht. Adrenalin treibt das Herz und das Hirn an, damit wir die Kraft haben, um unsere bedrohte Beziehung zu kämpfen.

Das Kämpfen um eine bedrohte Liebe geht zudem mit einem erhöhten Dopamin- beziehungsweise Noradrenalinspiegel einher, also genau dem Hormongemisch, das für die leidenschaftliche Liebe sorgt.

INFO: Es ist fatal: Je bedrohter unsere Liebe ist, desto stärker wallt die Leidenschaft.

Wir Menschen sind nicht für längere Stressphasen geschaffen. Das Stresshormon Cortisol (das nach einiger Zeit das Adrenalin ablöst) löst Schäden aus. Es zerstört Nervenverbindungen im Hippocampus, jenem Teil des Gehirns, der bei der Speicherung von Informationen und der Verarbeitung von Gefühlen eine wichtige Rolle spielt. Liebeskummer, wie auch anderer lange anhaltender Stress, macht somit auch „dümmer", wozu sicher auch der Schlafentzug beiträgt (dazu später mehr).

Das Gehirn ist in dieser Trennungszeit eine Baustelle. Das Verlieben hatte Umbauten im Gehirn erfordert, die bei einer Trennung wieder zurückgebaut werden müssen. Ein riesiger Kraftakt: Unter anderem sinkt der Glücksbotenstoff Dopamin weit unter ein normales Niveau ab, weshalb man sich fühlt wie eine zertrampelte Blume. Auch die Gefühle kommen nicht zur Ruhe. Ständig kreisen die Gedanken um die Trennung, den fernen Partner. Liebe und Wut wechseln sich miteinander ab. Sie sind auf Entzug, lieber Leser, liebe Leserin.

Zwangsgedanken, das ist wichtig zu wissen, werden wie Depressionen von einem niedrigen Serotoninspiegel begünstigt, der verursacht, dass wir uns traurig und depressiv fühlen und die typischen Symptome einer Depression aufweisen: Schuldgefühle, Grübeln, übertriebene Sorge um die Zukunft, Beunruhigung, Hoffnungslosigkeit, verminderte Fähigkeit zur Konzentration und Entscheidung, darüber hinaus sind wir ängstlich und gereizt.

INFO: Fast jeder zweite von Liebeskummer betroffene Mensch erfüllt die Kriterien einer leichten Depression, und jeder zehnte die einer mittleren bis schweren.

„In dem Augenblick, in dem ein Mensch den Sinn und den Wert des Lebens bezweifelt, ist er krank."

Sigmund Freud

Widmen Sie sich Ihrer Erkrankung

Von seinem Liebsten, mit dem man einmal eins war, abgeschnitten zu sein ist eine der quälendsten und herzzerreißendsten Erfahrungen, die man überhaupt machen kann. Daher ist es elementar wichtig, dass Sie jetzt etwas für sich tun! Das ahnen Sie bereits, sonst würden Sie nicht dieses Buch in Händen halten.

INFO: **In der Phase schlimmsten Trennungsschmerzes zählt jede Minute, in der Ihr Leid gelindert werden kann.**

Akuter Liebeskummer ist eine komplizierte Erkrankung, die sowohl Körper als auch Geist und Seele befällt. Oft treten Herz-Kreislaufprobleme wie Schwächeanfälle, Schwindel, Bluthochdruck, Herzrasen oder Herzrhythmusstörungen auf. Es gibt sogar ein seltenes, aber dafür schwerwiegendes »Broken-Heart-Syndrom«, eine Funktionsstörung des Herzmuskels, die überwiegend ältere Frauen betrifft und nach starken emotionalen Belastungen auftreten kann. Durch die bereits erwähnte, lang anhaltende Stressreaktion ist die Wahrscheinlichkeit hoch, sich einen Infekt einzufangen. Wer schon eine Autoimmunerkrankung hat, kommt möglicherweise in einen Schub. All das führt dazu, dass es mit Liebeskummer oft nicht möglich ist, wichtige Entscheidungen zu treffen oder wie gewohnt zu funktionieren. Daher gebe ich Ihnen an diesem ersten Tag Ihres Sofort-Hilfe-Programms den wichtigen Rat:

> TIPP: **Gönnen Sie sich eine Schonzeit, in der Sie nur das Nötigste tun und auch beruflich auf Sparflamme gehen.**

Machen Sie sich klar: Wenn Sie eine schwere Grippe oder einen komplizierten Knochenbruch haben, lassen Sie ja auch alles andere stehen und liegen und kurieren sich aus.

Planen Sie Ihre Schonzeit

Überlegen Sie sich konkrete Maßnahmen für Ihre Schonzeit. Wie können Sie diese umsetzen? Wo stehen Sie unter einer Form von Zwang, den Sie zum gegenwärtigen Zeitpunkt entschärfen möchten, damit Sie Ihre Krankheit besser auskurieren können?

Beispiele:

- Organisieren Sie eine Kinderbetreuung oder bitten Sie Freunde, Verwandte oder nette Nachbarn, Ihre Kinder für ein paar Stunden zu nehmen, damit Sie Zeiten haben, in denen Sie sich ganz auf sich konzentrieren können.
- Wenn Sie sich nicht in der Lage fühlen zu arbeiten, lassen Sie sich für eine Weile krankschreiben und, wenn es nötig ist, die Krankschreibung danach auch verlängern. Sie können zu diesem Zeitpunkt nicht wissen, wie lange eine Krankschreibung nötig ist.

Maßnahmen für meine Schonzeit:

1.

2.

3.

4.

5.

Sortieren Sie Ihre Gedanken

Alles, sogar eine einfache Routineaufgabe, kann nun schwer wiegen, und ebenso können Ihre Gedanken Sie sehr ermüden und belasten.

Ich habe bereits darauf hingewiesen: In einer Trennungssituation kommen Sie schon allein durch die hormonelle Umstellung in eine depressive Stimmungslage. Das wiederum begünstigt es, sich grundsätzlich mit den traurigen, misslungenen oder düsteren Kapiteln des Lebens zu beschäftigen. Gerne zweifelt man in solchen Momenten daran, dass man jemals wieder glücklich wird oder irgendwann einen guten neuen Partner findet. Man malt sich die Zukunft in düsteren Farben aus und macht sich Sorgen, was für schlimme Dinge noch geschehen können.

Sind diese Probleme realistisch? Und sind sie wirklich heute an der Tagesordnung?

Wenn Sie diese Frage mit Nein beantworten, dann halten Sie sich innerlich ein Stoppschild vor und sagen Sie sich: „Mit anderweitigen Dingen kann ich mich jetzt nicht auch noch befassen, ich habe genug Probleme. Ich kümmere mich darum, wenn es dran ist. Kommt Zeit, kommt Rat."

Beispiele:

- „Sollte ich die Stadt wechseln und in die Nähe meiner Eltern ziehen?" – Stopp!
- „Kündigt mir mein Arbeitgeber, wenn ich lange krank bin?" – Stopp!
- „Werde ich jemals noch Kinder bekommen?" – Stopp!
- „Was passiert jetzt mit dem Haus?" – Stopp!

Stecken Sie solche Gedanken hier in Quarantäne, schließen Sie ab und werfen Sie den Schlüssel weg.

Meine Stopp-Gedanken, mit denen ich mich nicht mehr beschäftigen werde:

1.

2.

3.

Unterstützen Sie sich mit Medikamenten

Wenn Sie sich verzweifelt, mutlos und deprimiert fühlen, kann Ihnen ein Antidepressivum helfen. Hier gibt es zwei Varianten:

- Sie können ein starkes Johanniskrautpräparat rezeptfrei in Ihrer Apotheke bekommen.

- Oder Sie lassen sich in den nächsten Tagen von Ihrem Hausarzt ein klassisches Antidepressivum verschreiben, in der Regel eines aus der Gruppe der selektiven Serotoninwiederaufnahmehemmer.

Für heute können Sie mit dem Johanniskrautpräparat beginnen, das Sie sich direkt in einer Apotheke in Ihrer Nähe besorgen können.

Wenn Sie eines dieser Präparate nehmen, hört das Gedankenkreisen auf und Sie bekommen mehr Abstand zu Ihren Problemen. Außerdem hilft ein Antidepressivum Ihnen beim Ein- und Durchschlafen.

INFO: Sie müssen keine Angst haben, dass ein Antidepressivum abhängig macht oder Ihre Persönlichkeit verändert – das ist nicht der Fall.

Sollte Ihre Wahl mittelfristig auf das verschreibungspflichtige Medikament fallen, sprechen Sie mit Ihrem Arzt über Wirkungen und mögliche Nebenwirkungen. Beachten Sie auch, dass Sie das Medikament regelmäßig nehmen müssen und es einige Tage dauert, bis Sie die Wirkung spüren. Lassen Sie sich dann, wenn Sie das Medikament absetzen wollen, ebenfalls von Ihrem Arzt dabei begleiten, dies ganz allmählich zu tun.

Tag 2

Stärken Sie Körper und Seele durch richtiges Essen (und Trinken)

Wer unter akutem Liebeskummer leidet, dem geraten selbst die einfachsten körperlichen Vorgänge außer Kontrolle, wie zum Beispiel das Essen. Fühlt sich Ihr Magen wie zugeschnürt an, stochern Sie lustlos im Essen und die Kilos purzeln demzufolge, was Sie nervös und flattrig macht?

Oder sind Sie Trostesser? Diese stopfen Kohlehydrate wie Schokolade, Kekse oder Nudeln in sich hinein, um sich zu beruhigen und zu trösten.

Beides ist in Ihrem Zustand nicht ratsam. Eine gesunde und regelmäßige Ernährung ist sehr wichtig, damit Sie körperlich und geistig zu Kräften kommen.

„Liebeskummer scheint den Magen zu verkleinern."

Eda Kocapinar

Tischlein deck dich!

Wann haben Sie das letzte Mal regelmäßig vernünftig gegessen, also drei gesunde Mahlzeiten am Tag zu sich genommen? – Oder auch nur eine einzige? Die Betonung liegt hierbei auf „gesund“. Tütensuppen & Co. zählen nicht. Wenn Sie jetzt länger überlegen müssen, ist es Zeit zu handeln. Hier ein paar einfache Ernährungsvorschläge, mit denen Sie Ihrem Körper und auch Ihrer Seele viel Gutes tun:

- Ein vollwertiges Frühstück, das Ihnen Energie für den Tag bereitstellt: z. B. Müsli, Vollkornbrot, Porridge. Oder Rührei, Milch oder Joghurt.

- Ein leichtes Mittagessen, das Sie nicht in ein Mittagstief zieht. Es sollte frisches Gemüse enthalten (roh oder kurz gegart), eine Sättigungsbeilage wie (Vollkorn-)Nudeln, (Vollkorn-)Reis oder Kartoffeln sowie Fleisch, Fisch, Käse oder Tofu.

- Ein Abendessen, das Sie gut schlafen lässt: z. B. magerer Aufschnitt, Tomaten, Gurke, ein gekochtes Ei, Salat mit Hähnchenbrust.

Jetzt sind Sie dran!

Erstellen Sie einen Essensplan für die kommenden drei Tage. Denn was Sie schriftlich fixieren, verpflichtet Sie eher zur Tat als nur der Gedanke daran.

Mein „Das ist gut für mich und schmeckt“-Essensplan

Tag 1

Frühstück

Mittagessen

Abendessen

Tag 2

Frühstück

Mittagessen

Abendessen

Tag 3

Frühstück

Mittagessen

Abendessen

Und nun schreiben Sie direkt einen „Das ist gut für mich und schmeckt"-Einkaufszettel für die nächsten Tage. Orientieren Sie sich einfach an Ihrem Essensplan.

Mein „Das ist gut für mich und schmeckt"-Einkaufszettel

-
-
-
-
-
-
-
-
-
-
-

…

Erledigt? Dann können Sie jetzt einkaufen gehen! Nein, eine Internet-Bestellung kommt nicht infrage. Rauszugehen ist so lästig? Nur für heute noch hätten Sie eine Dose Ravioli in der hinteren Ecke Ihrer Speisekammer? Um einzukaufen, müssten Sie duschen und sich die Haare waschen? – Lieber Leser, liebe Leserin, geben Sie sich einen Ruck und gehen Sie ruhig mal unter Leute, es ist ja nur für kurze Zeit. Sie dürfen gerne auch grimmig schauen – im Moment sind Sie nur sich selbst gegenüber verpflichtet.

Lassen Sie während Ihres Einkaufs alle ungesunden Versuchungen links liegen und besorgen Sie wirklich nur, was auf Ihrem Einkaufszettel steht.

Guten Appetit!

Sind Sie von Ihrem Einkauf zurück? Genießen Sie den Anblick all der frischen und gesunden Sachen auf Ihrem Küchentisch. Lassen Sie das Auge so schon mal vorkosten und Ihren Appetit anregen. Und wenn Essenszeit ist: Bereiten Sie sich eine wunderbare Mahlzeit zu.

„Das Essen ist eines der vier Zwecke des Daseins. Welches die drei anderen sind, darauf bin ich noch nicht gekommen."

Charles Baron de Montesquieu

Nur die Ruhe

Nehmen Sie sich Zeit für Ihr Essen, denn Eile vermittelt Ihrem Körper die Botschaft, dass Sie auf der Flucht sind, woraufhin er sich gegen die Nahrungsaufnahme sträubt. Angenehmer Nebeneffekt, wenn Sie sowieso nicht viel runterkriegen: Sich Zeit zu nehmen fördert das Sättigungsempfinden.

Auch Ihr Darm wird es Ihnen danken, wenn Sie Ihre Mahlzeiten gründlich durchkauen. Er ist ein Seismograf Ihrer Stimmungen und Gefühle und funktioniert nicht wie sonst. Wenn das Essen gut zerkleinert wird und die Enzyme im Speichel optimale Arbeit leisten können, setzt der Verdauungsprozess bereits im Mund ein und Ihr Darm wird entlastet.

Zu viel des Guten?

Trotz all der guten Dinge in Ihrem Kühlschrank: Drei Mahlzeiten schaffen Sie beim besten Willen nicht? Dann fangen Sie zunächst mit einer an. Wiederholen Sie das morgen gegebenenfalls noch mal. Oder versuchen Sie es mit mehreren kleinen Mahlzeiten beziehungsweise mit Nahrungsmitteln, die Sie nicht kauen müssen, wie zum Beispiel Quarkspeisen. Aber Sie sollten nicht zu viel oder zu süß essen.

Wichtig ist, dass Sie den ersten Schritt hin zu regelmäßigem und zu besserem Essen gehen. Schritt für Schritt, von einem Tag zum nächsten.

„Wenn Ihr gegessen und getrunken habt, seid Ihr wie neu geboren; seid stärker, mutiger, geschickter zu eurem Geschäft."

Johann Wolfgang von Goethe

Trinken nicht vergessen!

Apropos „Trinken“ (siehe das Zitat von Johann Wolfgang von Goethe): Nehmen Sie ausreichend Flüssigkeit zu sich? Flüssigkeitsmangel wirkt sich auf Ihre gesamte Konstitution aus. Kopfschmerzen und Konzentrationsprobleme sind die Folge. Darunter leiden Sie sowieso? Dann sollten Sie wissen: Flüssigkeitsmangel verschärft diesen Zustand noch zusätzlich. Und Sie möchten da ja raus, nicht wahr?

TIPP: Rund 1,5 Liter Flüssigkeit am Tag sollten Sie trinken, und zwar Wasser und energiearme Getränke.

Gehen Sie doch gleich mal in Ihre Küche und holen Sie eine schöne Karaffe aus dem Schrank, die im besten Fall die empfohlene Menge fasst. Füllen Sie sie mit Mineralwasser und trinken Sie direkt das erste Glas. Die Karaffe stellen Sie in Sichtweite, sodass Sie stets daran erinnert werden, sich etwas nachzuschenken, wenn das Glas leer ist. (Eine Mineralwasserflasche tut's natürlich auch, das Ergebnis ist entscheidend.)

Verzichten Sie auf Suchtstoffe!

Vorsicht ist mit Alkohol und Nikotin geboten, denn unzählige Suchterkrankungen haben Ihren Ursprung in Trennungsphasen. Denken Sie immer daran, dass Alkohol und Nikotin höchstens kurzfristig dazu beitragen, dass Sie sich entspannen und Ihre Situation vergessen können. Schon nach kurzer Zeit schwächen das Rauchen und das Trinken Sie, und Sie stehen auch noch verkatert und entkräftet vor Ihren Problemen.

TIPP: Falls Sie in Trennungssituationen Suchtverhalten entwickeln oder es sich verstärkt, sollten Sie sich unbedingt professionelle Hilfe bei einer Suchtberatung oder einer Psychotherapeutin holen.

Tag 3

Fördern Sie Ihren Schlaf

Körper im Alarmzustand

Sie erleben es am eigenen Leib: Die negativen Gefühle in der Trennungsphase machen sich immer auch physisch bemerkbar. Der ganze Organismus ist in Alarmbereitschaft, wenn eine sichere Bindung bedroht ist. Liebeskranke können nicht einschlafen, wälzen sich nachts im Bett oder wachen frühmorgens auf. Ihre negativen Gedanken und Angst sorgen dafür, dass ihre Muskeln sich anspannen und auch dauerhaft angespannt bleiben. Typische Folgen sind Kopfschmerzen, akute bis chronische Rückenschmerzen oder eine höhere Infektanfälligkeit. Auch Bandscheibenvorfälle sind nicht selten, vor allem wenn körperliche Belastungen wie ein Umzug nach der Trennung anstehen oder man sich generell überlastet fühlt mit dem Leben ohne den Partner.

INFO: Schlafmangel über einen längeren Zeitraum führt zu einer Häufung von Sekundenschlaf. Wenn Sie regelmäßig mit dem Auto unterwegs sind, ist hier Gefahr im Verzug.

„Schlaf ist für den Menschen, was das Aufziehen für die Uhr."

Arthur Schopenhauer

Wenn Sie schlecht oder sogar gar nicht geschlafen haben, sind Sie am nächsten Tag deutlich nervöser und instabiler als nach einer guten Nachtruhe. Weil Sie nervös sind, schlafen Sie wahrscheinlich in der nächsten Nacht wieder schlecht – und so entsteht ein Teufelskreis. Diesen müssen Sie unterbrechen. Genug geschlafen haben Sie dann, wenn Sie morgens ausgeruht und leistungsfähig aufwachen.

Zwei Übungen zum besseren Einschlafen

Es gibt viele Möglichkeiten, um den Schlaf zu verbessern. Wir konzentrieren uns am heutigen dritten Tag Ihres Sofort-Hilfe-Programms auf das, was ohne großen Aufwand direkt umsetzbar ist. Versuchen Sie, den Teufelskreis des Schlafmangels zunächst mit den folgenden beiden Übungen zu unterbrechen. Führen Sie die Übungen (oder auch nur eine davon) kurz vor der Nachtruhe im Liegen aus. Vielleicht möchten Sie daraus in den nächsten Tagen ein Einschlafritual machen?

Die 4-7-8-Atemtechnik

Atmen Sie durch die Nase ein und zählen Sie dabei bis vier. Spüren Sie, wie Ihr Bauch sich hebt. Halten Sie den Atem an und zählen Sie bis sieben. Atmen Sie durch den Mund wieder aus und zählen Sie dabei bis acht.

Legen Sie dabei die Zungenspitze hinter die oberen Schneidezähne an den Gaumen. Sie spüren dann, wie die Luft links und rechts von der Zunge mit einem leichten Rauschen entweicht. Erleichtern können Sie sich dies, indem Sie die Lippen etwas spitzen.

Wiederholen Sie diesen Zyklus vier Mal.

Durch diese Übung nehmen Sie mehr Sauerstoff auf als gewöhnlich. Durch das anschließende kurze Luftanhalten gelangt dieser ins Blut. Durch das längere Ausatmen wiederum gelangt viel verbrauchte Luft aus den Lungen. All das wirkt beruhigend und senkt Ihren Puls.

Einschlaf-Yoga

Umfassen Sie Ihren Hinterkopf mit den Händen. Streichen Sie sanft mit den Händen Ihren Nacken und Hals herab und legen Sie die Hände entspannt neben den Körper. Die Handflächen zeigen nach oben. Die Beine sind gestreckt, leicht geöffnet und die Fußspitzen sind nach außen gerichtet.

Schließen Sie Ihre Augen und konzentrieren Sie sich nacheinander auf jeden einzelnen Teil Ihres Körpers. Versuchen Sie jedes Mal, den jeweiligen Körperteil vollkommen zu entspannen, warm und schwer werden zu lassen. Beginnen Sie bei den Zehenspitzen und arbeiten Sie sich bis zum Kopf vor.

Störende Gedanken lassen Sie einfach vorbeiziehen. Konzentrieren Sie sich auf Ihre ruhige und entspannte Atmung.

Stellen Sie sich vor Ihrem inneren Auge eine zehnstufige Treppe vor, die Sie langsam heruntergehen. Mit jeder Stufe nehmen die Ruhe und die Entspannung Ihres Körpers zu. Bei der letzten Stufe sind Sie vollkommen ruhig und entspannt – und vielleicht schon eingeschlafen.

„Der Schlaf ist die einzige unentgeltliche Gabe der Götter."

Plutarch

Einfache Maßnahmen für eine gesunde Schlafhygiene

Elementar wichtig ist ganz allgemein eine gute Schlafhygiene, sprich: das Pflegen solcher Lebensgewohnheiten und Verhaltensweisen, die einen gesunden, erholsamen Schlaf ermöglichen beziehungsweise fördern und die helfen, Schlafstörungen zu vermeiden oder zu beheben.

Beachten Sie bitte bei den folgenden Hinweisen, dass sich die Menschen darin unterscheiden, wie anfällig sie gegenüber Störungen sind beziehungsweise wie gut sie auf Veränderungen reagieren.

Nicht zu vergessen: Das Kernproblem bleibt Ihre verletzte Seele. Mit einer verbesserten Schlafhygiene sorgen Sie jedoch dafür, dass nicht noch weitere negative Einflüsse zu Ihrer Schlaflosigkeit beitragen. So ist gewährleistet, dass zumindest gute Rahmenbedingungen für einen gesunden Schlaf gegeben sind.

- Sorgen Sie für eine ideale Raumtemperatur (16–18 Grad Celsius).

- Tragen Sie bequeme Kleidung, die Sie nicht beengt oder kratzt.

- Sorgen Sie für Gesellschaft in Form eines Kuscheltiers (sieht ja keiner). Oder vielleicht lassen Sie Ihre Katze oder Ihren Hund auf Ihr Bett?

- Verbannen Sie störende Lichtquellen, verwenden Sie gegebenenfalls eine Schlafmaske (die können Sie zum Beispiel ganz einfach aus einer alten Krawatte basteln).

- Verwenden Sie Ohrenstöpsel.

- Oder hören Sie beruhigende Musik bei geringer Lautstärke (keine Lieder zum Mitsingen).

- Lassen Sie Ihr Mobiltelefon in einem anderen Raum.

- Verzichten Sie auf einen Mittagsschlaf, falls Sie normalerweise ein Nickerchen machen.

- Treiben Sie in den letzten drei Stunden vor dem Schlafengehen keinen Sport, da körperliche Betätigung Sie wach hält.

- Gehen Sie nicht hungrig ins Bett.

- Nehmen Sie jedoch keine größeren Mengen an Essen vor dem Schlafengehen zu sich, sonst muss Ihr Körper Verdauungsarbeit leisten, wo er eigentlich ruhen soll.

- Vermeiden Sie kohlenhydrathaltige Mahlzeiten vor dem Schlafengehen. Sie wirken sich negativ auf Ihren Blutzuckerspiegel aus, indem sie Stresshormone erzeugen, die Sie wach halten.

- Nehmen Sie stattdessen einen kleinen Snack ein, in dem Kalzium und Tryptophan enthalten sind, denn das hilft bei der Produktion von Melatonin (reguliert den Schlaf) und regt den Serotoninausstoß an (stellt das Gehirn ruhig). Empfehlenswert: Banane, Avocado, Erdnüsse, Mandeln, Milchgetränke.

- Verzichten Sie auf aufputschende Mittel wie Nikotin, Koffein und Alkohol.

- Nehmen Sie ein Bad.

- Trinken Sie einen Beruhigungstee oder eine warme Milch.

- Denken Sie an beruhigende Dinge: einen Regenbogen, einen Wasserfall, tropfendes Wasser, ein schwingendes Pendel, den blauen Himmel, ein grünes Feld. Oder stellen Sie sich vor, etwas Angenehmes zu tun: auf einem Boot einen Fluss hinunterzugleiten, in einem Segelflieger über Wolken zu schweben, auf einer Wiese an Blumen zu riechen, in einem Bett in den Wolken zu liegen.

- Gestalten Sie sich Ihr Traumhaus: Wo soll es stehen? Aus welchen Materialien soll es gebaut sein? In welcher Farbe ist es gestrichen?

- Vermeiden Sie Gedanken an den folgenden Tag.

Wenn es mit dem Schlaf dennoch nicht gleich klappt, ist es sinnvoll, dass Sie aufstehen und vorübergehend etwas anderes machen: Lesen Sie ein Buch, das Sie nicht emotional aufwühlt. Oder setzen Sie sich in einen bequemen Stuhl und tun Sie gar nichts. Oder wenn Sie darin geübt sind: Praktizieren Sie leichtes Yoga. Gehen Sie wieder zu Bett, wenn Ihre Augenlider schwer werden.

„Was der Schlaf für den Körper, ist die Freude für den Geist: Zufuhr neuer Lebenskraft."

Rudolf von Ihering

Lassen Sie sich von Präparaten unterstützen

Sollten Sie von Anfang an wenig zuversichtlich sein, dass die oben beschriebenen Maßnahmen bei Ihnen Erfolg haben werden, oder als Notanker empfehle ich, dass Sie sich ein starkes Hopfen- oder Baldrianpräparat aus der Apotheke besorgen. Diese Präparate haben keine Nebenwirkungen.

Sollte das ebenfalls nicht wirken, können Sie sich in den nächsten Tagen für eine kurze Weile ein Schlafmittel verschreiben lassen oder ein rezeptfreies Schlafmittel aus der Apotheke holen. Diese Präparate machen jedoch bei regelmäßiger Einnahme abhängig und haben einige Nebenwirkungen, über die Ihr Arzt Sie informiert.

TIPP: Da Schlafentzug in der Regel viel gefährlicher ist als ein sporadisches Einnehmen eines Schlafmittels, ist es absolut legitim, diese Präparate mit ärztlicher Absprache für eine begrenzte Dauer zu nehmen.

Oft reicht es auch, als Initialzündung in der ersten Nacht ein Schlafmittel zu nehmen und dann auf Baldrian umzusteigen oder es ganz ohne Medikament zu probieren und nur nach ganz unruhigen Tagen vorbeugend wieder eine Schlaftablette zu nehmen.

Tag 4

Ihr Körper – war da was? Und ob!

Kommen Sie in Bewegung

Wahrscheinlich fühlt sich Ihr Körper schrecklich an. Ihre Muskeln sind zum Zerreißen angespannt, und vielleicht haben Sie sogar Rücken- oder Kopfschmerzen. Stellen Sie sich jetzt mal für einen Augenblick vor, dass Sie jemanden hätten, bei dem Sie sich fallen lassen können und der Sie am ganzen Körper sanft berührt, sodass Sie sich schon nach einer halben Stunde erfrischt, entspannt und gelöst fühlen.

Das tut gut, aber: Natürlich gibt es in Ihrem Leben niemanden, der Sie jederzeit massiert. Wer hat das schon? Mein Alternativvorschlag: Gehen Sie heute schwimmen! Schon nach einer halben Stunde schnellem Schwimmen sind Sie tiefenentspannt, wach und erfrischt. Schwimmen ist ein Sport, der fast alle Muskelgruppen trainiert, also auch den Rücken, während sich die meisten Sportarten auf die Beinmuskeln beschränken.

„Unser Körper ist die Harfe unserer Seele."

Khalil Gibran

INFO: Beim Sport werden Glückshormone ausgeschüttet, und wenn Sie unter freiem Himmel aktiv werden, hellt das Tageslicht Ihre Stimmung auf.

Wenn Ihnen Schwimmen partout nicht liegt, können Sie heute auch einen anderen Ausdauersport machen. Laufen Sie sich beim Joggen den Kummer vorübergehend von der Seele oder fahren Sie mit Ihrem Fahrrad durch schöne Landschaften. Tanzen Sie wild zu lauter Musik oder machen Sie ein wenig Fitnesstraining.

Hauptsache, Sie kommen in Bewegung, denn das ist das beste Antidepressivum. Darüber hinaus werden Sie belastbarer, Ihr Selbstwert- und Ihr Glücksgefühl steigen. All das wirkt sich positiv auf Ihre äußere Erscheinung aus.

Los geht's! In einer Dreiviertelstunde sehen wir uns wieder.

Nehmen Sie Haltung an

Leider ist nach einer Trennung die Körperhaltung in der Regel nicht die beste, oft hängen die Schultern herab und die Wirbelsäule biegt sich durch. Dazu kommt, dass viele Menschen, die Liebeskummer haben, wenig Interesse für ihr Aussehen aufbringen. Ein Blick auf die traurige Person, die man im Spiegel sieht, macht dann alles nur noch schlimmer.

TIPP: Vernachlässigen Sie sich in dieser schlechten Zeit nicht, indem Sie sich nicht mehr pflegen.

Besorgen Sie sich gerade jetzt ein schönes Duschgel oder eine gut duftende Körperlotion. Und tragen Sie Ihre Lieblingskleidung, die bequem ist und gut aussieht.

„Sich selbst zu lieben ist der Beginn einer lebenslangen Romanze."

Oscar Wilde

Noch wichtiger aber ist es, eine gerade, aufrechte Körperhaltung einzunehmen. Stehen Sie fest auf beiden Füßen, am besten in flachen Schuhen. Richten Sie immer wieder Ihre Wirbelsäule gerade auf, nehmen Sie Ihre Schultern leicht nach hinten und heben Sie den Kopf. Und vergessen Sie nicht: Atmen Sie tief in den Bauch. Das beruhigt und massiert die inneren Organe und bringt Sie in einen entspannten, positiven Zustand.

Apropos „massieren" ...

Lassen Sie sich berühren

Wie oft werden Sie eigentlich berührt, gestreichelt oder umarmt? Wenig? Nie? Das wäre sehr bedauerlich, denn sanfte Berührungen fördern das Wohlbefinden und vermitteln Geborgenheit und ein Gefühl der Sicherheit wie nichts anderes auf der Welt.

INFO: Wir Menschen brauchen Berührung, so wie wir auch Luft zum Atmen und Wasser zum Trinken brauchen.

Ohne Berührung verkümmern wir langsam emotional und körperlich. Der Schlüssel in der positiven Wirkung von Berührung liegt beim Oxytocin, von dem wir wissen, dass es ein Gefühl der Bindung auslöst und Ängste abbaut. Leider gibt es Oxytocin nicht als Pille im Supermarkt oder in der Apotheke. Wir müssen uns also etwas anderes ausdenken, um Ihre Eigenproduktion an Oxytocin anzukurbeln.

Berührungen zwischen Erwachsenen werden überwiegend dann akzeptiert, wenn sie eine sexuelle Komponente haben: Nur unter diesem Vorzeichen darf man anfassen und streicheln, küssen und nackte Haut spüren. Doch so kurz nach einer Trennung ist eine sexuelle Berührung sicher nicht das Richtige für Sie oder mit zu vielen komplizierten Verwicklungen verbunden. Fragen wir uns lieber, welche anderen Möglichkeiten es gibt, damit Sie in den Genuss von Berührungen kommen.

- Wenn Sie meine Anregung mit dem Schwimmen ausprobieren, dann werden Sie fühlen, wie wohltuend auch die Berührung des Wassers auf Ihrer Haut ist.

- Ich bin fest davon überzeugt, dass beim Menschen Oxytocin ausgeschüttet wird, wenn er ein Tier streichelt. Wenn Sie kein eigenes Tier haben, hat Ihr Nachbar vielleicht eins. Oder Freunde von Ihnen? Ein weiterer positiver Nebeneffekt in diesem Fall: Sie kommen ein wenig unter Leute, trinken vielleicht einen Tee miteinander, kommen ins Gespräch. Auch das ist gut für Sie.

- Eine andere Empfehlung ist es, sich massieren zu lassen, wenn Sie mehr Berührungen brauchen. Die sanften Berührungen am ganzen Körper sind wohltuend und entspannend, und natürlich wird dabei auch Oxytocin

ausgeschüttet. Vielleicht können Sie direkt schon für heute einen Termin machen. Das Geld ist wirklich gut investiert.
Mittelfristig: Erkundigen Sie sich, ob Ihr Arzt Ihnen gegebenenfalls Massagen verschreibt, oder wünschen Sie sich einen Gutschein von Freunden.

„Zärtlichkeit gibt deinen Wunden neue Haut."

Unbekannter Verfasser

Wie wollen Sie also Ihrem Körper guttun, sich verwöhnen – nicht nur in den nächsten Tagen in der Zeit Ihres Liebeskummers, sondern immer! Schreiben Sie auf, welche Gewohnheiten Sie annehmen wollen.

Tag 5

In guter Gesellschaft

Suchen Sie sich Gesprächspartner

Nach Ihrer Trennung fällt es Ihnen vermutlich sehr schwer, auf sich selbst gestellt zu sein und viel Zeit alleine zu verbringen. Deshalb ist es wichtig, in der ersten Zeit nach der Trennung mit vertrauten Menschen zusammen zu sein und in einer stabilen Umgebung wieder etwas Sicherheit zu finden. Wer seine eigenen Bedürfnisse gut kennt, weiß meistens genau, was für ein Ort einem in so einer Situation wie Ihrer guttut.

TIPP: Die eigene Wohnung ist oft verbrannte Erde, weil einen alles an den Partner erinnert – oder er dort womöglich noch lebt.

„Der Mensch liebt die Gesellschaft,
und sollte es auch nur die von einem brennenden
Rauchkerzchen sein."

Georg Christoph Lichtenberg

In diesem Fall wäre es sinnvoll, dass Sie und Ihr Partner sich für eine Weile aus dem Weg gehen, um Diskussionen, Streit, verletzten Rückzug oder andere negative Szenarien oder Gefühle zu vermeiden. Ist das in Ihrer speziellen Situation denkbar? Dann sollten Sie sich ebenfalls für heute vornehmen, mit Ihrem Expartner darüber zu reden. Je eher, desto besser. Ein konkreter Vorschlag, wie das zu handhaben wäre, ist sehr hilfreich, wenn Sie Ihren Expartner darauf ansprechen. Überaus kostbar ist es, wenn man in der Nähe einen vertrauten Ort hat, an dem man sich sehr wohlfühlt.

TIPP: Sehr wichtig ist es, dass Sie immer wieder versuchen sollten, sich aktiv von Ihrem Problem abzulenken.

Die meisten Menschen brauchen in einer Krise keine Isolation, sondern jemanden an der Seite, mit dem sie reden und ihre Gedanken ordnen können, der mit ihnen gemeinsam kocht und isst, ihnen Mut macht und auch immer mal wieder von den Problemen ablenkt. Manchmal ist ein alltägliches Gespräch hilfreicher als ein ständiges Vertiefen und Wiederholen der Probleme. Bitten Sie gut meinende Freunde, Sie nicht ständig darauf anzusprechen.

Ich erinnere mich daran, als ein schlimmer Trauerfall in meiner Familie passiert war. Eine liebe Freundin begleitete mich wenige Tage nach dem Verlust in einen äußerst witzigen Kinofilm, in dem ich nichts anderes tun konnte, als aus vollem Herzen zu lachen. Anschließend redeten wir über nette, aber komplett banale Themen, und als wir auseinandergingen, war ich deutlich entspannter als vorher. Meine Freundin hat mir an dem Tag viel besser geholfen, als wenn sie mich noch einmal auf meine Trauer angesprochen hätte, die ja sowieso mein Leben bestimmte.

Natürlich ist das kein Patentrezept und in einigen Momenten sind Gespräche über die Probleme das einzig Richtige. Doch die Mischung macht es. Signalisieren Sie Ihrem Umfeld, was Sie gerade brauchen.

Beispiele:

- ein gemeinsames Essen am Wochenende
- einen Spaziergang
- jemanden, der in der schlimmsten Zeit bei Ihnen übernachtet
- Hilfe bei der Kinderbetreuung

Erstellen Sie für die nächsten Tage einen Plan, wer Ihnen am Wochenende oder an manchen Abenden Gesellschaft leistet. Und kontaktieren Sie diese Menschen, um Ihre Wunschtermine festzuzurren. Überlegen Sie sich direkt Alternativen, wenn es mit dem einen oder anderen nicht klappt.

„Der Kummer, der nicht spricht,
nagt leise an dem Herzen, bis es bricht."

William Shakespeare

Mein Gesellschafts-Plan

Freund/Freundin: Tag:

Was tun?

Freund/Freundin: Tag:

Was tun?

Freund/Freundin: Tag:

Was tun?

Mit wem werden Sie sich heute, am fünften Tag Ihres Sofort-Hilfe-Programms, treffen? Und wo?

Oder: Anders ablenken

Ihr niedriger Serotoninpegel erschwert es, die Gedanken von der Trennung zu lösen, da diese hartnäckig wie bei Zwangskranken um den Expartner oder die Beziehung kreisen. Das müssen Sie auch nicht. Aber alles in erträglichen Maßen. Seien Sie daher froh über jede Stunde, die Sie es schaffen, sich anderen Dingen zu widmen.

Möglicherweise gelingt es Ihnen nicht, für heute einen Freund oder eine Freundin zu überreden, sich spontan mit Ihnen zu treffen oder bei Ihnen vorbeizukommen. Wir alle haben unsere Verabredungen und Verpflichtungen, manchmal ist es einfach nicht möglich, alles stehen und liegen zu lassen. Grübeln Sie nicht darüber. Und grübeln Sie nicht über den Expartner oder die Beziehung, jetzt, wo Sie niemanden zum Ablenken haben.

Wie wäre es stattdessen mit einer lustigen oder spannenden Serie mit „Suchtfaktor?", zum Beispiel eine Familiensaga, spannende Krimis oder Comedy? Die Auswahl an entsprechenden DVDs und Angeboten im Internet ist grenzenlos.

Aber auch trockene und emotionslose Arbeiten wie zum Beispiel Akten abheften, Fachliteratur lesen, gebrauchte Kleidung zum Verkauf anbieten, ein kompliziertes Rezept nachkochen oder Aufräumen machen den Kopf wieder frei.

„Eine Krise ist eine Chance in Arbeitskleidung."

Henry J. Kaiser

Sorgen Sie für Struktur

Fragen Sie sich trotzdem, wie Sie die ganze freie Zeit, die jetzt vor Ihnen liegt, jemals füllen können? Alles scheint ja erst einmal leer und sinnlos zu sein, nicht wahr?

Sie müssen zum Glück nicht die Freizeit der nächsten 20 Jahre füllen, sondern erst einmal nur die freie Zeit heute und an den nächsten paar Tagen. Es gilt weiterhin: ein Schritt nach dem anderen.

Mit wem Sie sich in den nächsten Tagen treffen möchten, haben Sie ja bereits geplant. Zusätzlich dazu können Sie sich einen Aktivitäten-Plan überlegen, der festlegt, wann Sie aufstehen, Sport treiben, arbeiten, den Haushalt erledigen und eben Freunde treffen. Versuchen Sie, insbesondere die Wochenenden in ein neues Gleichgewicht zu bringen. Achten Sie darauf, dass Sie weder von Freitag bis Sonntag zu Hause in Ihrem Kummer schmoren noch von einer Verabredung zur nächsten eilen, um nicht alleine zu sein.

Sehen Sie die Wochenenden erst einmal als einen Versuch an, eine neue Struktur für sich zu schaffen, und ziehen Sie anschließend eine kleine Bilanz, was Ihnen gefallen hat. Wenn Ihnen etwas nicht gelingt, können Sie versuchen, es am nächsten Wochenende besser zu machen.

Mein Aktivitäten-Plan

- Aufstehen ____ : ____ Uhr
- Sport ____ : ____ Uhr
- Arbeit ____ : ____ Uhr
- Haushalt ____ : ____ Uhr
- Freunde ____ : ____ Uhr
- Schlafen ____ : ____ Uhr

Mein Wochenend-Plan

	Morgens	Mittags	Abends
Freitag			
Samstag			
Sonntag			

Tag 6

Widmen Sie sich Ihren Gefühlen

Eine emotionale Achterbahnfahrt

Sie kennen sicher den Vergleich, dass nach einer Trennung die eigenen Gefühle Achterbahn fahren. Man stürzt in die Abgründe von rasender Wut und unermesslicher Trauer, fährt kurz darauf in die Hochgefühle, in denen man sich befreit und zuversichtlich fühlt, um dann mit stockendem Atem in den Looping aus Angst und Eifersucht einzufahren. Wie gehen Sie am besten mit diesen Gefühlsschwankungen um?

> **TIPP:** Wichtig ist, dass Sie sich immer wieder in Erinnerung rufen, dass Gefühle kommen und gehen.

Das Beste ist, dass Sie sich regelmäßig Zeit nehmen, um Ihren Gefühlen Aufmerksamkeit zu schenken. Am heutigen sechsten Tag Ihres Sofort-Hilfe-Programms zum Beispiel. Doch das fällt vielen Menschen nicht leicht. Wer in seiner Ursprungsfamilie gelernt hat, dass man „nicht komisch“ werden, „sich nicht so anstellen“ soll, dass „Indianer keinen Schmerz kennen“ oder dass „das doch alles nicht so schlimm ist“, hat die Botschaft so aufgenommen: Deine Gefühle interessieren mich nicht. Sieh zu, dass du sie so schnell wie möglich wieder in den Griff kriegst und wieder funktionierst.

Das ist gefährlich, denn Gefühle, die Sie unverarbeitet unter den Teppich kehren, sorgen für innere Anspannung und Blockaden. Es ist so, als müssten

Sie ständig Energie aufwenden, um die Tür zu der Abstellkammer mit den Gespenstern der eigenen Gefühle zuzuhalten. Genau diese Energie fehlt, um das Leben halbwegs passabel zu gestalten.

TIPP: **Die wichtigste Voraussetzung, um sich selbst ein guter Freund oder eine gute Freundin zu sein, ist, dass Sie bereit sind, sich selbst Zeit und Raum für die eigenen Gefühle zu nehmen, sich liebevolle Aufmerksamkeit zu schenken und sich geduldig zuzuhören.**

Übung: Mein Zufluchtsort

Richten Sie sich einen innerlichen Zufluchtsraum ein. Dabei können Sie sich einen Raum vorstellen, an dem Sie sich besonders wohlfühlen (eine gemütliche Berghütte mit rot-weiß karierter Bettwäsche und Hirschgeweihen an der Wand, ein modernes Studio direkt am Meer, Omas Küche …). Es spielt keine Rolle, ob dieser Raum real existiert oder nicht. Stellen Sie sich dann einen Menschen vor, der dort ist und immer Zeit für Sie hat. Gut ist es, wenn es sich dabei nicht um eine reale Person handelt, mit der es ja auch reale Konflikte geben kann, sondern um eine ewig währende Vorstellung.

Beispiele sind: eine Zwillingsschwester, die Sie in- und auswendig kennt und alles für Sie täte. Oder eine reifere Version Ihrer selbst – Sie in 30 Jahren, die gelassen geworden ist. Es kann auch die verstorbene Oma sein oder eine Person wie Jesus oder Buddha. Hauptsache ist, dass Sie das Gefühl haben, bei dieser Person gut aufgehoben zu sein.

Üben Sie immer wieder, auch wenn es Ihnen vielleicht etwas seltsam vorkommt, Zuflucht zu diesem Raum und dieser Person zu nehmen. Diese Person hat ein weites Repertoire an Trostmöglichkeiten und Rat zur Verfügung: still dasitzen und liebevoll da sein, Sie in den Arm nehmen oder Ihnen schweigend einen Tee geben, ein kluges Gespräch führen oder Musik auflegen, die Ihnen guttut.

Wenn wieder einmal ein rasendes Gefühl im Anmarsch ist, können Sie in diesen visualisierten Raum gehen und sich liebevoll diesem Gefühl stellen. Halten Sie inne, machen Sie es sich gemütlich. Wickeln Sie sich in eine Decke ein und legen sich eine Hand auf das Brustbein oder den Bauch. Bauen Sie dann die Bereitschaft in sich auf, sich diesem Gefühl zu stellen, weil es ein Teil von Ihnen selbst ist. Nehmen Sie genau wahr, wo in Ihrem Körper das unangenehme Gefühl angesiedelt ist und wie es sich präzise anfühlt (zum Beispiel ein drückendes Gefühl im Unterbauch oder ein zugeschnürter Hals). Legen Sie dann Ihre Hand ganz sanft auf die Stelle, die betroffen ist, und atmen Sie bewusst dahin.

Wenn es Ihnen zu schwer wird, diese Gefühle alleine durchzustehen, lassen Sie Ihre inneren Helfer näher herantreten und etwas zu Ihnen sagen, das Sie weiterbringt. Wenn Sie Ihre Gefühle eine Weile beobachtet haben, seien Sie neugierig, wie sie sich verändern. In der Regel werden Gefühle erst einmal stärker und präsenter, wenn man sich ihnen zuwendet, und klingen dann ab.

Wenn es Ihnen schwerfällt, sich innere Ratgeber vorzustellen, dann erinnern Sie sich genau daran, welche hilfreichen Sätze Ihre Freunde gesagt haben und wie diese Sie getröstet haben. Stellen Sie sich dann vor, wie überzeugt Christian gesagt hat, dass der Schmerz vorbeigehen wird, wie Nina Ihnen die negativen Seiten Ihres Exfreundes vor Augen geführt hat oder wie Tom Sie in den Arm genommen hat.

Die Gefühle erkennen und benennen

In dieser schwierigen Lebensphase können Sie besonders gut lernen, sich um Ihre Gefühle zu kümmern und sie zu versorgen, gerade weil sie so gewaltig sind und versorgt werden müssen.

TIPP: Wenn Sie möchten, legen Sie sich für die Beschäftigung mit Ihren Gefühlen ein Tagebuch zu und schreiben Sie sich von der Seele, wie Sie sich fühlen (lose Seiten gehen auch, wenn Sie kein entsprechendes Heft zur Hand haben oder kurzfristig keines besorgen können). Wenn Sie ein spiritueller Mensch sind, können Sie im Gebet um Linderung Ihres Schmerzes bitten.

Ist Ihr vorrangiges Gefühl Traurigkeit, dann widmen Sie sich ganz diesem Gefühl, wenn es die Situation zulässt. Dabei können Sie sich die alten Fotos aus den gemeinsamen Zeiten noch einmal anschauen oder Musik hören, die Sie beide verbindet. Sie können die alten Briefe oder Mails noch einmal lesen und sich ganz der Trauer über Ihren Verlust zuwenden.

Lassen Sie dabei Ihren Tränen freien Lauf und versuchen Sie, vollkommen bei sich zu sein, während Sie weinen. Kritisieren Sie sich nicht oder schimpfen Sie sich auch nicht als albern oder schwach aus. Dies ist auch nicht der richtige Rahmen, um sich Selbstvorwürfe oder Schuldgefühle zu machen. Bleiben Sie lieber selbst ganz ruhig, offen und verständnisvoll für den ganzen Schmerz, den Sie haben. Je besser und umfassender Sie über Ihren Verlust trauern, desto einfacher können Sie irgendwann damit abschließen und sind bereit für etwas Neues.

INFO: Verdrängte Trauer blockiert sehr viel Kraft und nimmt Ihnen viel Lebensenergie.

Wenn Sie wütend sind, hilft Ihnen bestimmt Bewegung. Haben Sie heute schon Sport gemacht? Am besten laufen Sie sich Ihre Wut von der Seele oder treten mit aller Kraft auf einen Fußball ein oder zerteilen das Wasser beim Kraulen. Sie werden feststellen, dass alle starken Gefühle vergehen, wenn Sie sich ihnen widmen und durch sie hindurchgehen. Irgendwann hört die Traurigkeit auf, genau wie die Wut, die Sehnsucht, die Einsamkeit.

? Welche Gefühle machen Ihnen besonders schwer zu schaffen?

Fühlen Sie sich besonders einsam beim Einschlafen ohne Ihren Partner? Dann kümmern Sie sich um diese Gefühle. Legen Sie sich ins Bett und nehmen Sie genau wahr, wie es sich anfühlt, ohne Ihren Partner im Bett zu liegen. Und fragen Sie sich: Was kann ich tun, das mir hilft? Vielleicht hilft es Ihnen, wenn Sie es sich selbst besonders gemütlich machen mit einer Wärmflasche oder wenn Sie noch etwas im Bett lesen oder über Ihre Gefühle sprechen, gerne auch mit sich selbst oder beim Schreiben.

Schauen Sie dann genau hin und sagen Sie, was Sie in diesem Moment brauchen: zum Beispiel jemanden, der Sie in den Arm nimmt und Ihnen sagt, dass er Sie liebt oder dass alles gut wird. Vielleicht ist es, wie bereits im Zusammenhang mit dem Schlafen erwähnt, für eine Weile nötig, dass Ihr Teddy aus Kindertagen wieder in Ihrem Bett einzieht, um Sie zu trösten. Das macht er sicher gerne, schließlich kennt er Sie schon so lange. Kuscheln Sie sich in eine weiche Decke und nehmen Sie sich dann selbst in den Arm, streicheln sich über die Wange und sagen sich, dass Sie selbst immer da sind und sich niemals im Stich lassen, egal, wie schlecht Sie sich gerade fühlen.

Wahrscheinlich werden es immer die gleichen negativen Gefühle sein, die kommen. Je öfter Sie sich damit auseinandersetzen, wenn Sie sich gerade einsam, leer, ungeliebt, traurig oder wütend fühlen, desto einfacher wird es. Sie werden einen Umgang damit finden, so wie man auch einen Umgang mit körperlichen Symptomen wie Fieber oder einer blutenden Wunde gefunden hat und diese selbstverständlich versorgt.

Tag 7

Erkennen Sie Ihre Trümpfe

Genießen Sie das Leben (als Single)

Stellen Sie sich vor, Sie wären wirklich gut darin, sich selbst glücklich zu machen. Sie würden sich stets wie eine liebevolle Freundin oder einen wirklich guten Freund behandeln, mit allem, was dazugehört.

- Sie würden sich zum Beispiel selbst wertschätzen, sich loben und sich motivieren, um Ihre persönlichen Ziele zu erreichen.
- Sie würden sich Zeit für Ihre Gefühle nehmen und sich aufmerksam zuhören, um zu erfahren, was Sie brauchen oder was Sie traurig macht.
- In Ihrem Alltag würden Sie sich so viele Pausen und Schlaf gönnen, wie Sie brauchen, aber Sie würden Ihr Leben so einrichten, dass Sie Zeit für schöne Reisen, Ausflüge in die Natur und interessante Hobbys haben.
- Ihr Freundeskreis wäre so ausgewählt, dass die Menschen Ihnen guttun. Krafträuber halten Sie auf Abstand.
- Es wäre für Sie selbstverständlich, dass Sie Ihr Leben genießen – und das auch dürfen: Sie hätten ein schönes Zuhause, würden gut essen, in Konzerte, Ausstellungen oder auf Sportveranstaltungen gehen.
- Auch die Macken und Schattenseiten Ihres potenziellen neuen Partners wären nicht mehr so gravierend, wenn Sie selbst zufrieden und gelassen wären. Denn Sie wüssten: Mein Glück hängt nicht von ihm oder ihr ab. Deshalb hätten Sie auch deutlich weniger Angst vor einer Trennung.
- Zudem werden Sie sehr positiv auf andere Menschen wirken, wenn Sie ausstrahlen, dass Sie sich selbst lieben und ein glückliches Leben führen.

Wenn Sie fest davon überzeugt wären, dass es Ihre eigene Aufgabe ist, sich selbst glücklich zu machen, dann hätten Sie viele Trümpfe in der Hand!

TIPP: Nehmen Sie den Schlüssel zu Ihrem Glück selbst in die Hand und geben Sie ihn nie wieder ab. Machen Sie sich selbst glücklich.

„Das Singledasein ist doch perfekt! Man ist immer für sich da, wenn man sich braucht!"

Peter E. Schumacher

Machen Sie sich heute, am siebten Tag Ihres Sofort-Hilfe-Programms, klar: Als Single können Sie Ihr Leben in vollen Zügen genießen – tun Sie's! Und bedenken Sie auch: Nichts ist so anziehend wie ein gelassener Mensch mit einem sichtlich guten Selbstvertrauen, der sich selbst liebt. Sie müssen nicht fieberhaft auf der Suche nach einer „besseren Hälfte" sein, sondern Sie können sich alleine vollständig und gut fühlen. Denn eines steht fest: Single zu sein ist keinesfalls ein schlechtes Lebensmodell.

INFO: Viele Studien, die die Lebenszufriedenheit von Alleinstehenden mit denen fest gebundener Menschen vergleichen, kommen zu dem Ergebnis, dass Alleinstehende entweder gleich glücklich oder teilweise sogar glücklicher sind als Verheiratete.

Der Reichtum, von dem Sie zehren können

Manchmal unterschätzt man sich maßlos vor lauter Angst. Auch bei einer Trennung verliert man leicht seine eigenen Fähigkeiten aus den Augen, sowie das, was einem guttut. Vor Ihnen liegt noch ein anspruchsvoller Weg. Deshalb ist es wichtig, dass Sie sich am Ende Ihres Sofort-Hilfe-Programms klar werden, was Sie im Gepäck haben, um diesen Weg gut zu meistern. Machen Sie eine Bestandsaufnahme. Was haben Sie?

Beispiele:

- Humor?
- gutes Aussehen oder eine positive Wirkung auf andere Menschen?
- analytische Fähigkeiten?
- die Fähigkeit, zu entspannen?
- ein gutes soziales Netz?
- Selbstgenügsamkeit?
- gute soziale Kompetenzen, um auf neue Menschen zuzugehen?
- Hobbys?
- ______
- ______
- ______

Denken Sie auch an materiellen Besitz, der Ihnen hilft, sich wohlzufühlen:

- ein gemütliches Zuhause?
- ein schöner Garten?
- ein finanzielles Polster?
-
-
-
-
-

Tipps aus diesem Buch, die mir den Alltag erleichtern:

-
-
-
-
-
-

Nicht zu vergessen: Ihr Lächeln! Lächeln Sie, auch dann, wenn Ihnen nicht unbedingt danach zumute ist. Das darf (nur für Sie selbst) ruhig schief oder gekünstelt wirken. Entscheidend ist: Durch ein Lächeln werden Nerven aktiviert, die gute Stimmung zaubern. Das ist ein unumstößlicher biologischer Effekt.

Und wenn Sie immer mal wieder und immer öfter auch in der Öffentlichkeit lächeln (inzwischen vielleicht schon etwas natürlicher), bekommen Sie bestimmt auch eine nette Reaktion zurück. Und so machen Sie einen weiteren Schritt in Richtung „Normalität", was in Zeiten einer Trennung ganz und gar positiv zu sehen ist.

„Wenn du jemanden ohne Lächeln siehst,
dann schenke ihm deines."

Asiatisches Sprichwort

Sieben Tage Sofort-Hilfe bei Liebeskummer

„Am Ende wird alles gut! Wenn es nicht gut wird, ist es noch nicht das Ende."

Oscar Wilde

Nachwort

Wenn einen Liebeskummer quält, kommt man an der Frage nicht vorbei, warum man über Tage und Wochen so leiden muss. Darauf gibt es viele Antworten:

- Durch die Krise findet man besser zu sich selbst und kann klären, was im Leben und in der Liebe wirklich wichtig ist, und das Leiden kann das eigene Herz so öffnen, dass man später offener und lebendiger lieben kann.

- Trennungsschmerz, die Trennungswut und die damit verbundenen Depressionen strukturieren im besten Fall die Gedankenmuster um, sodass man sich zukünftig nicht mehr auf genau diese Art von schädlicher Beziehung einlässt.

- Darüber hinaus signalisiert das Leiden eines verlassenen Menschen dem sozialen Umfeld, dass er dringend Unterstützung benötigt.

- Zu guter Letzt gibt es noch ein Trostpflaster: Liebeskummer ist eine wichtige Triebfeder für Kreativität. Wahrscheinlich wäre die Menschheit um die schönsten Balladen, Opern, Romane und Theaterstücke ärmer, wenn deren Schöpfer dauerhaft mit ihren Liebsten auf Wolke sieben geschwebt hätten.

Auch schwierige Erfahrungen in der Liebe sind also oft strenge, aber unschätzbar wertvolle Lehrer, wenn man sie als solche zu betrachten und anzunehmen weiß.

Eine meiner Seminarteilnehmerinnen sagte einmal zu mir: »Die Krise ist das Beste, was mir jemals passiert ist. Ohne sie hätte ich nie so zu mir selbst gefunden.« Von einer solchen Erkenntnis sind Sie derzeit vielleicht noch weit entfernt. Behalten Sie sie dennoch stets im Hinterkopf, denn:

„Die Krise ist ein produktiver Zustand.
Man muss ihr nur den Beigeschmack
der Katastrophe nehmen."

Max Frisch